Printed in Canada

Library and Archives Canada Cataloguing in

Publication

Villapiana, Antonio, 1950-

Dedicato a te = Dedicated to you / Antonio Villapiana.

Poems.

Text in English and Italian.

ISBN 0-9739080-0-9

I. Title. II. Title: Dedicated to you.

PS8643.1438D42 2005 C851'.6 C2005-906428-5

Disegni Originali
Di Umberto Fusari

Original Illustrations
By Umberto Fusari

Copertina e impaginazione: in2DESIGN
Di Umberto Micheli

Cover Design and Page Layout
by Umberto Micheli

DEDICATO A TE

Poesie di Antonino Villapiana

Traduzione di
Anna Ciardullo-Villapiana con la collaborazione di
Shannon White e Linda Ianni

INTRODUZIONE

Antonino Villapiana è stato un mio carissimo amico per almeno dieci anni, durante questo periodo ha mostrato di avere doti da gentiluomo.

La cosa che mi ha più colpito è la sua devozione nei confronti dei genitori e dei membri della sua famiglia. Chiunque è leale con la sua famiglia lo sarà anche con il suo prossimo.

Appena Tony, come viene comunemente chiamato, iniziò a frequentare casa nostra, ho potuto notare che aveva un profondo interesse per la scrittura. L'ho incoraggiato ad intraprendere questa strada perché ho capito che il suo talento si stava sviluppando. Molto spesso la gente è timida e, in quanto priva di fiducia nelle proprie potenzialità tende a lasciarle inespresse. Infine, ho persuaso Tony a pubblicare il suo lavoro e lasciare che i lettori ne traessero beneficio.

Il suo amico, Umberto Fusari, ha aggiunto interesse al libro di Tony con i suoi disegni che sono degni della nostra lode. Spero che Tony ed il suo amico continuino a beneficiare il mondo attraverso le doti che Dio ha dato loro, con l'augurio che nel brillare, la loro luce renda felici altre persone. Spero che questo libro arricchisca molti dei loro connazionali e li incoraggi nello sviluppo delle doti che Dio ha dato loro, e apra le porte ad un maggiore successo nel campo, in questo nuovo paese in cui sono approdati e di cui sono ora cittadini.

Vera Ernst McNichol

L'AMORE È PI Ù CHE AMORE NEL PENSIERO,

È UN PO' D'AMORE IN REALT À

IN AMORE È MEGLIO LA VERITÀ,

PUR ESSENDO AMARA,

CHE UNA BUGIA, ANCHE SE DOLCE

Le illusioni

Vuoi diventare grande in fretta, ragazzo,

crescono con te le illusioni,
le ambizioni,
ma il tempo passa e, facilmente,

senza accorgertene,
una donna entra nel tuo cuore
e lasci le illusioni.

Parole al vento

Vorrei dirti tutto quel che penso,
ma so che le mie sono parole al vento,
mi fermo e penso,
sento la tua voce nel mormorio del vento,
e sembra che io sia con te in quel momento.

Vorrei dirti parole da bambino,
vorrei portarti tutto il mondo, se potessi,
dentro un fiorellino.

Quando ti guardo in viso
sembra che io sia in Paradiso,
so che un giorno o l'altro da te sarò lontano,
in mezzo a noi non ci sarà uno sguardo
e tu non stringerai più la mia mano.

Vorrei scrivere tutto con la mia mano,
vorrei dirti quanto ti amo,
vorrei dirti tutto ciò che penso,
ma so che le mie.....sono parole al vento.

Sono diventato un uomo

Mi sento forte e coraggioso,
forte nel lavoro e nelle malattie,
coraggioso nei rischi e nelle paure,
eppure, non ho il coraggio di affrontare una donna,

questa sola donna
che amo da quando ero bambino
a cui non ho il coraggio di chiedere la mano
che faccio se poi l'avrò chiesta invano?

Se avessi ricchezze e se fossi un re
per lei cederei la mia corona,
ma ricchezze non ho,
ho solo una grazia da chiedere a Dio:
«Se avessi lei cederei la metà degli anni miei»

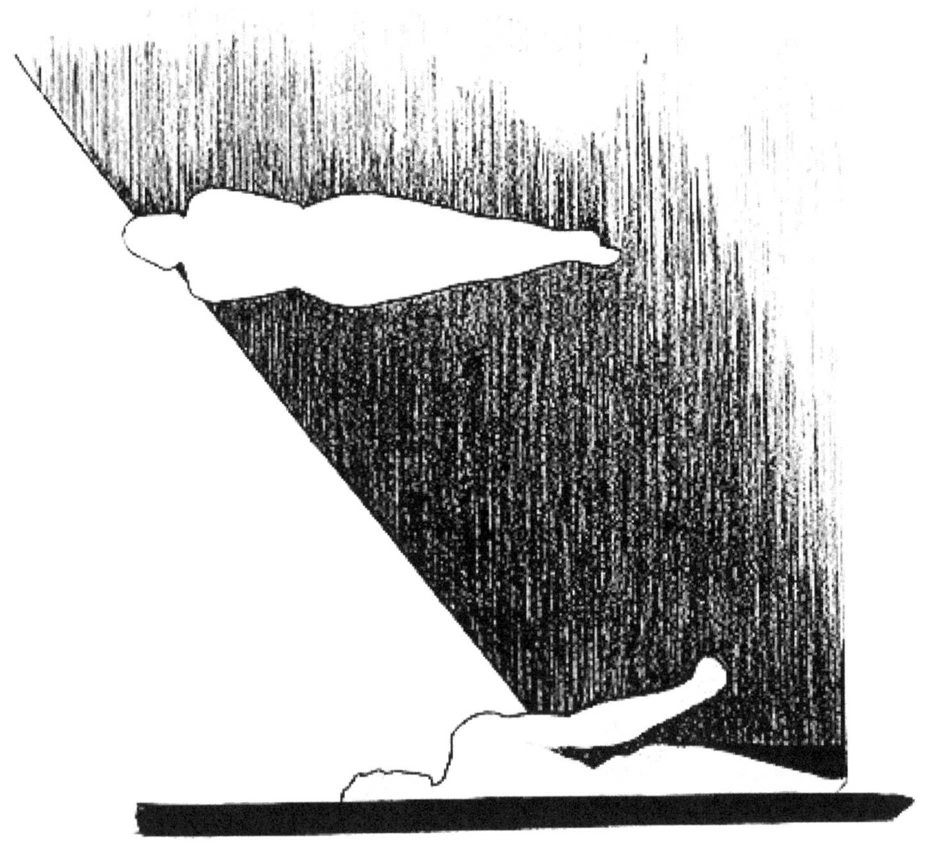

Un ostacolo

Piangevo da bambino che volevo i miei giocattoli,
piango anche da grande,
piango per amore
che non si può avere né si può dimenticare.

È un ostacolo che appare
e nessuno può spostare,
è inutile provare.

Di fronte a lei il mio cuore batte,
batte forte.
Il pianto del mio cuore
è come il vento che soffia su un fiore,
acqua e vento a distruggere quel fiore.

Eppure, faccio sogni bellissimi
che non esistono in realtà,
mi sveglio e sono solo,
mi sento freddo come in inverno,
nudo come un albero senza foglie,
neve sui miei rami,
ghiaccio nel mio cuore.

Cosi piange il cuore
ed io chiedo al Signore
di poter dimenticare,
ma è inutile pregare:
finché gioventù su questa terra ci sarà
d'amore soffrire si dovrà.

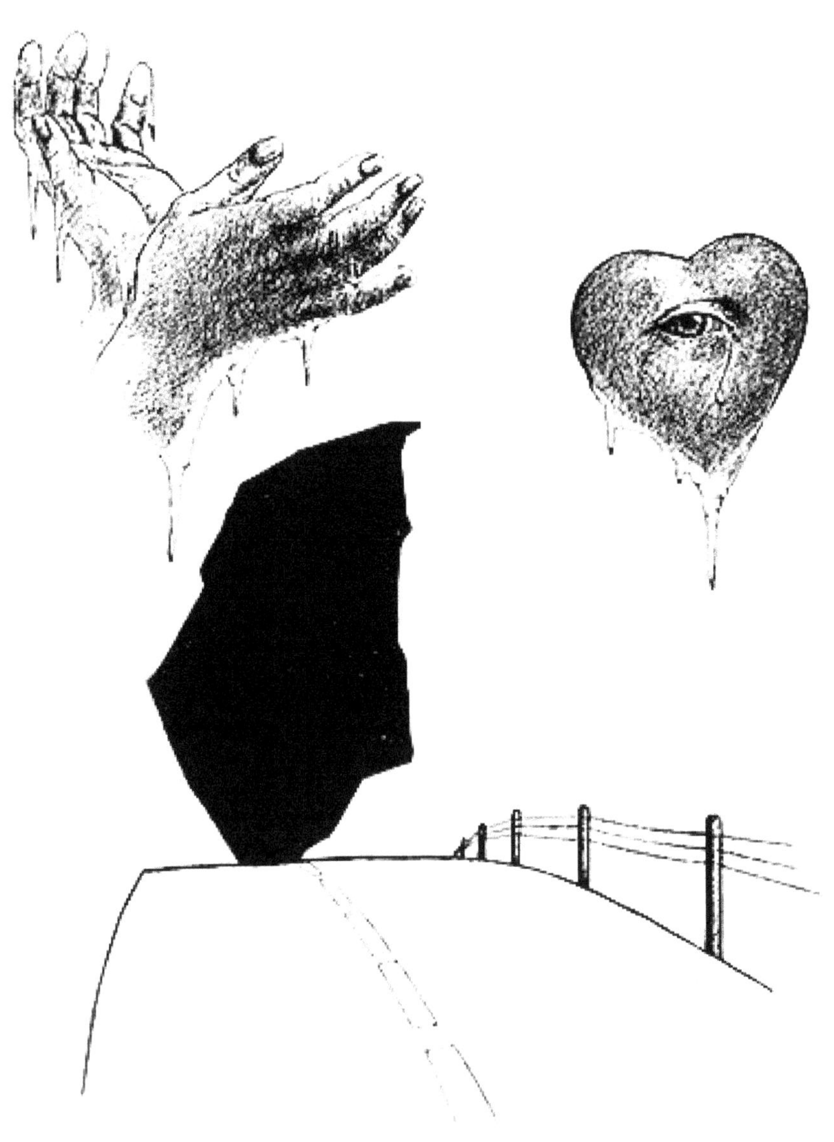

L'amante

Un amore difficile da spiegare,
un amore che non dovrei amare,
un amore che amando dovrò soffrire,
un amore che a lei io devo tacere,
perdonami se, per me, anche tu devi soffrire.

Ti guardo negli occhi e mi rispondi amore,
anche se la verità tu non vuoi dire,
mi parli con la voce tremante
hai paura che qualcuno sappia che sei la mia amante.

Il vero amore è quello che non si può avere
l'amore nel pensiero è più che amore,
in realtà è un po' d'amore,
quando si soffre è vero amore.

No, il nostro amore mai si può dimenticare,
il passato in una bottiglia non può entrare,
nel corpo e nell'anima sempre rimane,
perdonami se, per me, anche tu devi soffrire.

Dimmi addio con un fiore

Va' dimmi addio con un fiore,
credi alle mie parole,
non credere al mio cuore,
il mio amore per te è crudele
dal primo giorno ti ho fatto soffrire,
va' dimmi addio con un fiore.

È tanto bello il sole,
ma, tanto caldo fa anche male
il sole è crudele come il mio cuore,
senza acqua anche il più bel fiore fa morire.

Il mio destino non devi seguire,
non è colpa mia se sono crudele,
dico va' perché ti voglio bene
anche se so che perdere te
è meglio morire.

So quello che pensi e quel che vuoi dire,
il mio cuore anche me fa soffrire,
ma credi alle mie parole,
non credere al mio cuore,
va', dimmi addio con un fiore.

LA VITA È PIENA
DI MISTERI E DI TRAGEDIE

L'ACQUA BATTE IL FUOCO

L'AMORE BATTE L'ODIO

Il gioco dell'amore

Nella gioventù la maggior parte
dei nostri pensieri è l'amore,
quasi tutto si può dimenticare
ma non l'amore

l'amore è il fiore dell'anima
è una primavera piena di fiori sotto il sole,
la gioventù è la sua stagione
sognare, amare e vivere sono i suoi fiori.

Ma attento all'amore,
non devi amare chi non risponde amore,
altrimenti, è una brutta partita che vuoi giocare.

Bello è il gioco dell'amore,
ma se perdi è una spada nel cuore.

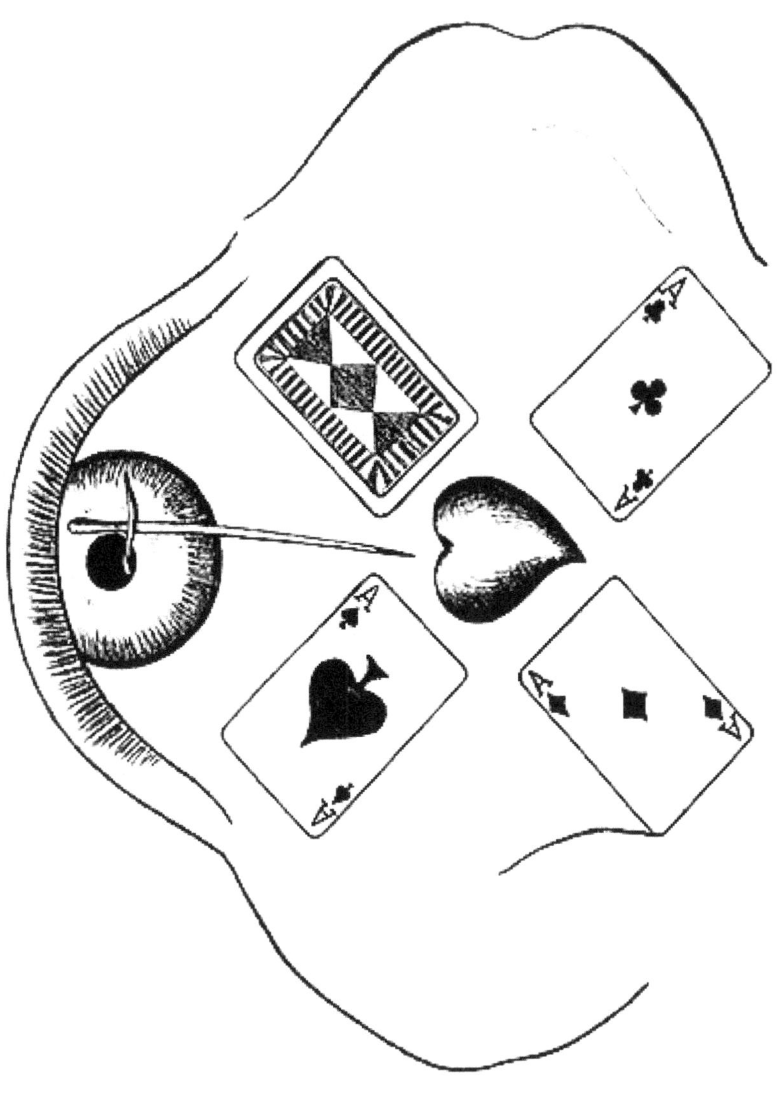

Quando il buio scende

Un amore che vive solo nei sogni e nel cuore
può causare tanto dolore.

Quando il buio scende c'è lei nei miei pensieri,
rimango solo, senza dormire
e col pensiero quante cose in realtà
vorrei mutare

il mio amore per te è un mare di emozioni,
sebbene, quanto è grande con le parole non so spiegare,
le mie sembianze vorrei cambiare
e nobile come un principe,
solo per te, vorrei diventare.

L'amore nel mio sogno
è come un grande romanzo d'amore
dove è meglio veder soffrire
che starci dentro e pian piano morire

da te vorrei avere un po' d'amore
per poi poterti dare in cambio il cuore

ma rimango solo quando il buio scende
con te nel mio pensiero,
senza dormire, senza il tuo amore,
e col persiero nessuna cosa in realtà posso mutare.

La farfalla

Hai mai visto una farfalla
in una stanza buia?
Se c'è una luce che illumina
delicatamente vola, delicatamente gira,
con lei sembra che torni primavera.

Nel buio del mio cuore esiste una speranza
che tu sia, per me, la luce nella stanza
ma io per te non sono una farfalla,
giro intorno a te con i miei pensieri

e dentro me c'è tanta gelosia
se non mi ami, almeno,
non andare via.

Fa' esistere per me la primavera
fa' che sia realtà la mia speranza
e si realizzi il sogno di volare nella stanza
dimmi che mi ami, dimmelo stasera

perché possa volare in cielo a primavera
invece di morire in una stanza buia.

Grazie della rosa

Grazie della rosa che mi hai dato,
tu con il fiore rimani nel mio pensiero,
il fiore per amore ho accettato,
ma, forse, tu hai voluto dirmi addio

se mi ami è crudele dirmi addio
so che tutto passa con il tempo,
ma ricorda che ti ho amato tanto,
ricorda che per te ho pianto.

Con tutte le mie forze ti ho cercato,
con lacrime negli occhi ti ho guardato,
ma tu al mio amor non hai creduto
forse pensavi che io ti avrei ingannato,

ora tu sei la corte ed io il condannato
fa' che io paghi se ad amarti ho sbagliato.

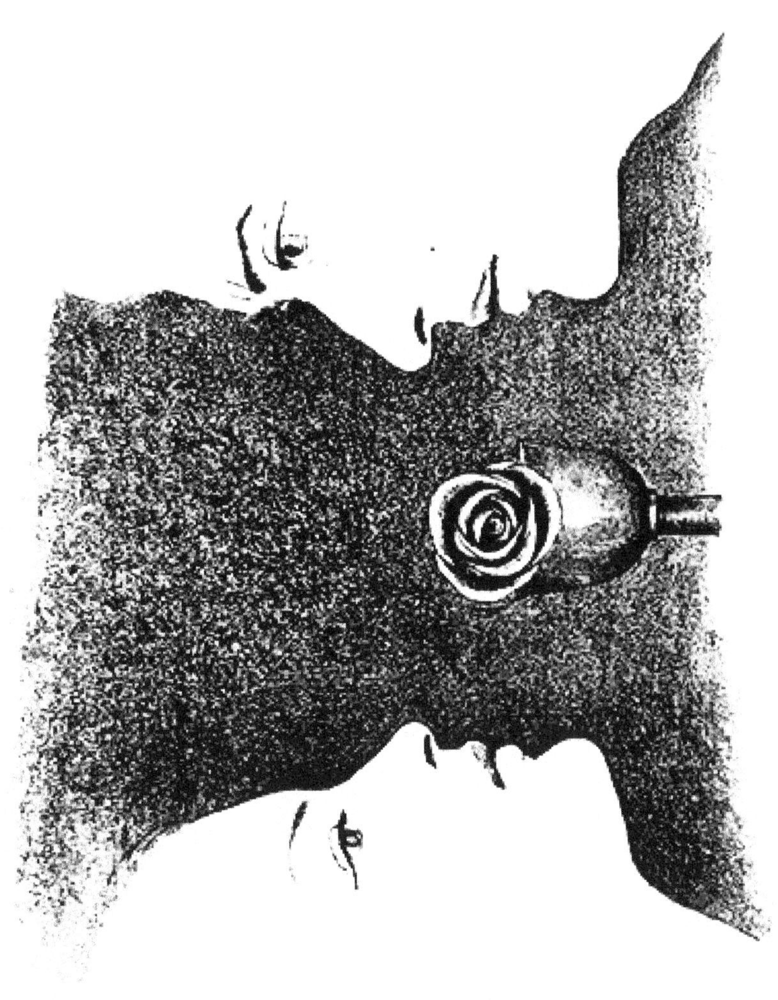

Il mio pensiero farti capire

Oh ragazza tanto ti vorrei dire
il mio pensiero farti capire.

Questo mondo vorrei cambiare
e nel mio sogno vorrei farti entrare
forse cosi crederesti
quello che ora non puoi capire.

Il mio amore per te non è come un torrente
che si asciuga nella stagione estiva
è grande come il mare
e niente lo può asciugare.

Se qualche volta lontano da te dovrò andare
ricorda che l'amore in me rimane
e capirai che tutte le mie parole
sono state vere come il pensiero del nostro amore,

ti ringrazio per quello che mi hai fatto capire
che ad un grande amore ci devi soffrire
e nel pensiero sempre rimane
un indimenticabile, grande amore

Un ricordo mi rimane

Da lontano ho attreversato il mare
con la speranza di un grande amore
credendo di trovare nel giardino un fiore,
ma ho incontrato un vento freddo che
veniva dal mare

volevo convincerti con le mie parole
ma capivo che per te c'era un altro amore
ti guardavo negli occhi senza parlare
....non sapevo più cosa dire

ero partito sicuro come un navigatore
per un amore sincero aldilà del mare
credendo che nel giardino trovassi un fiore
ma invece ho trovato un limone

così di te un ricordo mi rimane
un vento freddo
un grande mare.....
un limone nelle mie mani.

SE FAI UNO SBAGLIO
E LO RICONOSCI
QUELLO È UN PICCOLO SBAGLIO

SE FAI UNO SBAGLIO
ENON LO RICONOSCI
QUELLO È UN GRANDE SBAGLIO

LE MEDICINE CURANO LE MALATTIE

L'AMORE CURA I SENTIMENTI

Strano amore

So che è sbagliato amare
chi non risponde amore
a volte mi domando perché ti devo amare

a volte lontano vorrei andare
vorrei avere la forza di non pensare,
a questo sogno addio vorrei dire,

ma perdere te è meglio morire.

Pur vedendo le mie lacrime
non credi nel mio amore
ma come puoi amarmi
se per me non hai cuore

forse è giunto il tempo di andare
hai lasciato ferite nel mio cuore,
è ormai tempo di capire
che l'amore è bello se uguale

oh strano, strano amore.

Un fiore senza sole

Ti amo più di quanto il fiore ama il sole
ma se un giorno io dovessi cambiare,
non dire che il mio non era vero amore
non dire che le mie erano solo parole

ti amo più di quanto il pesce ama il mare
più di quanto il leone ama la foresta
sebbene tu non vuoi capire
che in tutta la mia anima per te esiste amore

sembra che per me tu non abbia cuore
ma forse non è colpa tua
se per amore io debba soffrire
forse qualcosa dall'amore dovrò imparare,

Se fossi poeta scriverei
tutto quello che c'è nel mio cuore,
così leggendo potrai capire
che il mio, per te, è vero amore

solo allora ricorderai
che senza sole un fiore muore,
che non può vivere un pesce senz'acqua,
senz'amore anche la più grande storia
è destinata a finire.

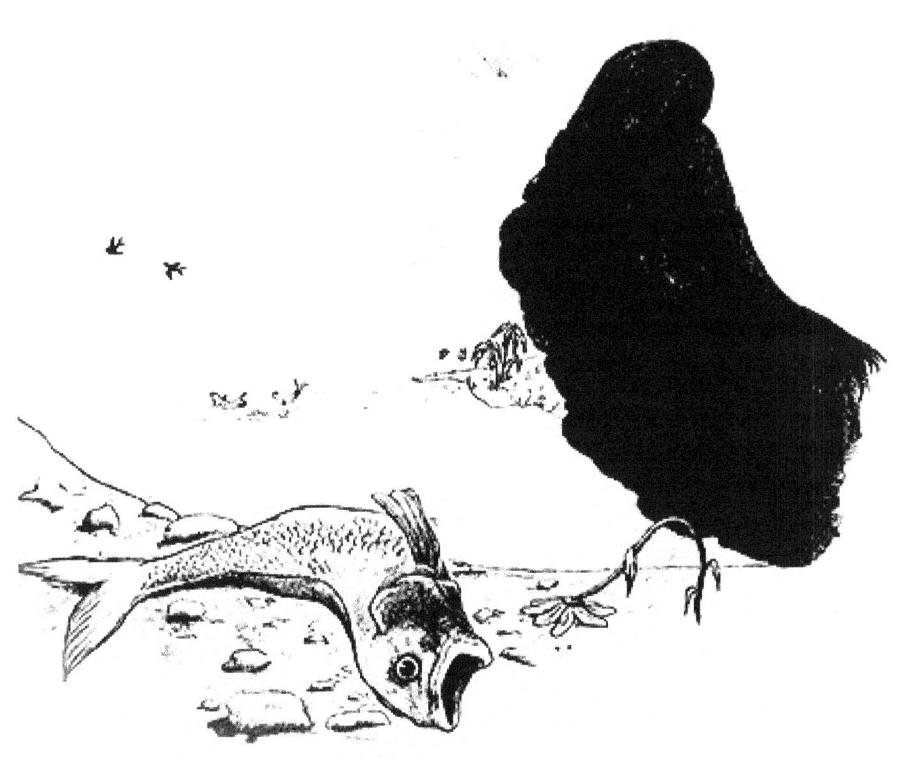

Sorriso nel pianto

Quando lei è vicino
sembra che rubi un stella al mattino,
i pensieri volano nell'oscurità
dello spazio senza realtà.

Tu ragazza sei ricca e non credi nell'amore,
se fossi uno scrittore
metterei i miei pensieri dentro le parole
per farti capire che il mio è stato vero amore.

Se fossi uno scultore
scolpirei su una pietra i nostri corpi
per lasciare al mondo qualcosa che ricordi noi
sebbene questa immagine nei sogni rimarrà
non di certo nella realtà.

Mi sento una piccola goccia d'acqua
che cade nel mare
e nel mio sogno solo un desiderio
è rimasto da dire, poterti amare,

ma tu non mi comprendi,
trattengo le mie lacrime
e sopra il viso si posa la maschera del sorriso.

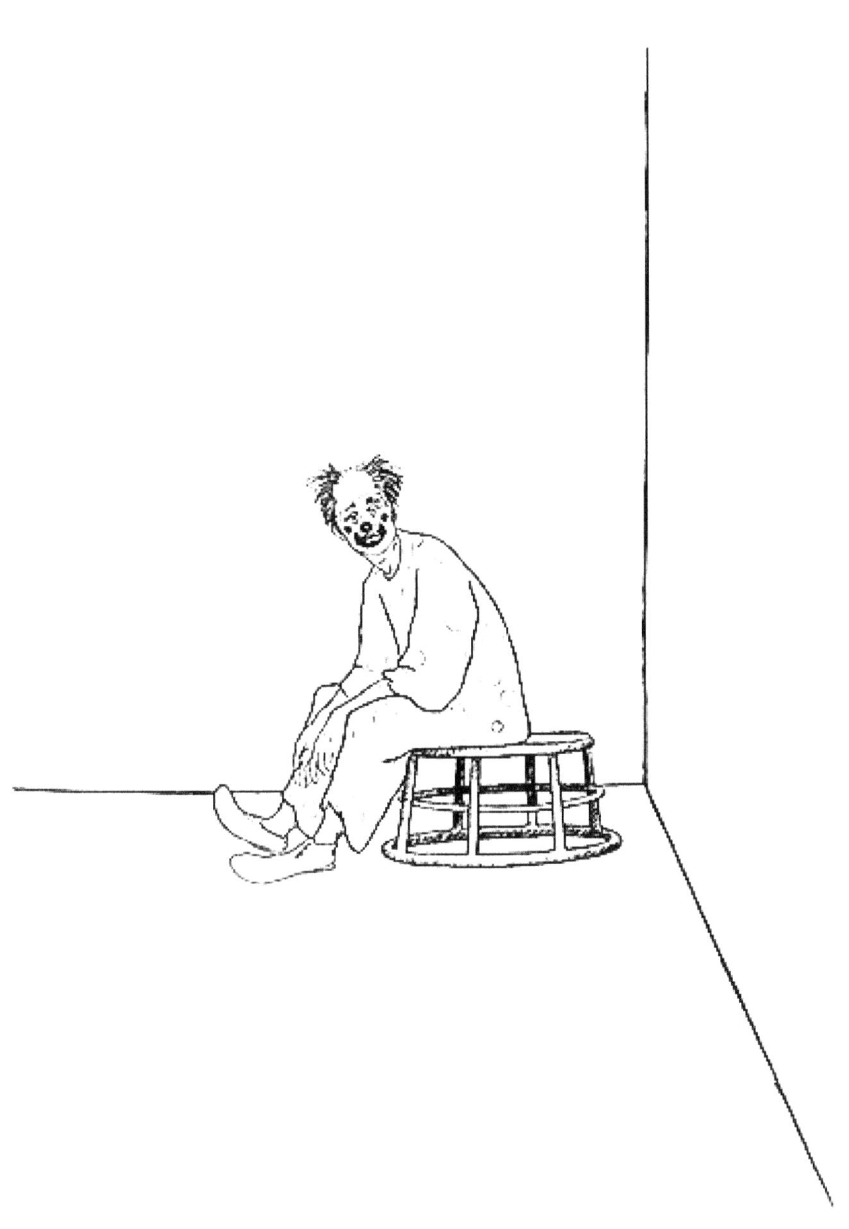

LA DONNA È COME UN BICCHIER DI VINO

MA DEVI STARE ATTENTO

A NON UBRIACARTI

Il mio paese

Lascio il mio paese,
sembra di lasciare la mia mamma,
non so quando e se ritornerò
lascio i miei amici,
sembra di lasciare la mia vita,
non so quando e se li rivedrò

lascio la casa dove io son nato
lascio le strade che a lungo ho solcato
ed il cortile dove giocavo da bambino
forse un giorno di me ricorderà qualcuno.

Sono qui ora, o mio paese, che ti guardo da vicino
domani sarò lontano
ritornerò da te la notte nei miei sogni
ti porterò con me nel mio pensiero
nessuno scorda ricordi da bambino.

Forse un giorno da te ritornerò,
ma come sei ora, lo so, non ti troverò
ti lascio, o mio paese, col cuore da bambino
i vecchi mi guardano mentre mi allontano,
non so se più stringerò la loro mano

ti lascio o mio paese con un saluto
e sembra di lasciare la mia mamma
non so quando e se ritorneró.

Mamma

Mamma è un nome facile e ricco di significato
avevo un anno e già sapevo dire il suo nome
lei mi baciava sulla fronte,
e mi stringeva forte al cuore con tanto amore.

Per lei ero caro come un fiore
e mi diceva parole d'amore,
tuttavia, il suo bene non posso ricambiare
perché parole belle a lei io non so dire
anche se la porto sempre nel mio cuore.

La mamma era felice quando incominciavo a parlare
chissà quante cose belle da me voleva ascoltare
adesso che son grande solo questo le posso dire
«cara mamma ti voglio bene».

Se fossi un pittore
dipingerei il suo ritratto
con i capelli bianchi scesi sulle spalle
è così che un giorno la porterò dentro al mio cuore.

La bandiera

Bandiera che, da lassù, ti muovi nel vento
tu che tanta gioia fai provare al mondo
per il soldato che per te ha vinto

tu che sei il fiore del tuo popolo
come la rosa è il fiore del giardino
sei pianto per il soldato che per te è morto
sei gioia per il soldato che per te ha vinto

sventoli mentre si canta l'inno
e rimani nel nostro sguardo
a ricordare chi è morto per la libertà.

So che ci ringrazi mentre ti muovi nel vento.

Sventola da lassù, muoviti nel vento
mentre noi cantiamo l'inno
nel pianto per il soldato che per te è morto
nella gioia per il soldato che per te ha vinto.

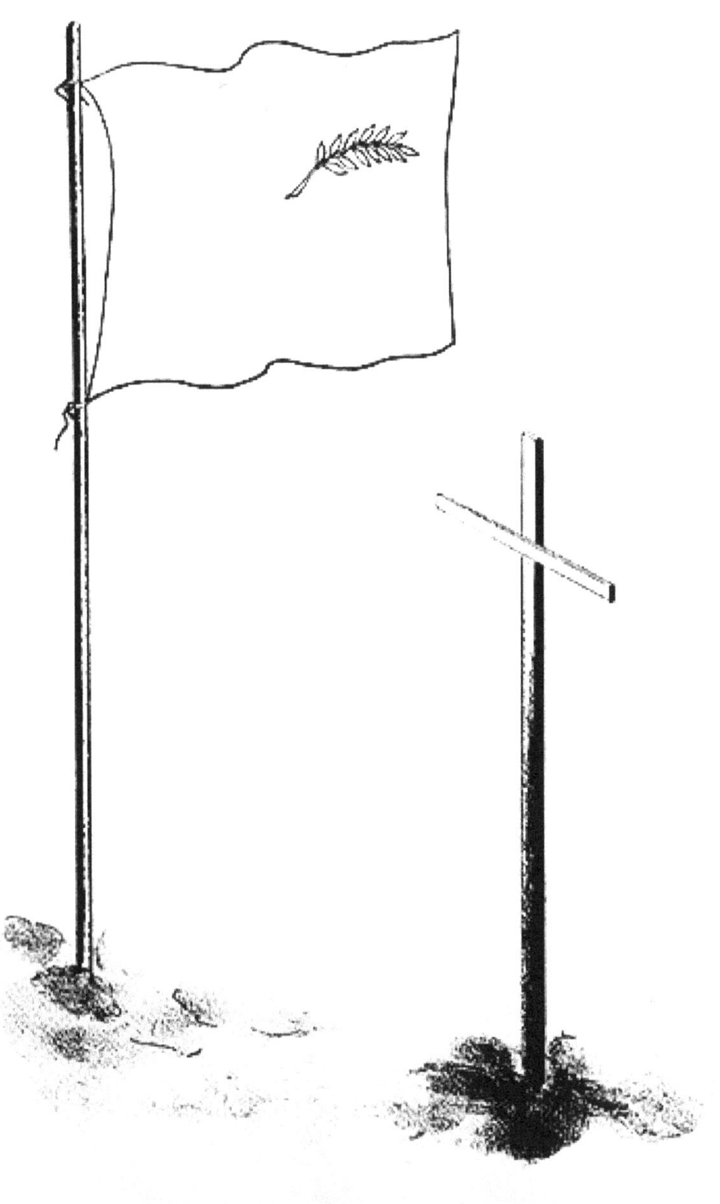

LA MAMMA È UN TERRENO FERTILE

DOVE NASCE LA VITA UMANA

Quando ero bambino

Quando ero bambino
non c'era passato né futuro
c'era solo presente nel mio mondo.

La mia vita passava veloce e felice
veloce come il vento
felice come una farfalla
che si posa sopra un fiorellino

sembrava tutto facile nel mondo,
pensavo che il fiume non scorresse
quando ero bambino.

Ho capito con il tempo
che tutto passa in questo mondo
rimane un desiderio nel pensiero,
guardare il mondo con gli occhi di un bambino

ma al bambino segue l'uomo
come al sogno della notte segue un giorno nuovo.

Gli sbagli della vita

Gli sbagli della vita che tu fai
sempre poi ricorderai
pace nel mondo non avrai
e nella mente sempre li porterai.

Il sorriso ad un tratto si fermerà
perché peccatore sei
e lo sai
con qualcuno forse ti confiderai
con la speranza che conforto avrai,
ma forse non ti capirà
e amico come prima non sarà,

con gli occhi in cielo allora guarderai
il peccato a Dio confesserai
con la speranza che perdono avrai.

Siamo umani, tutti sbagliamo, lo sai,
se sei buono in tentazioni non cadrai
e se lo sbaglio odierai
nella vita felice, con un sorriso, continuerai.

La morte

La morte inizia a seguirci
sin dal giorno in cui si nasce,

quanta paura che si deve morire!

Tutti siamo più contenti
di soffrire piuttosto che morire,
ogni anno in più che si vive
è un gradino che ci avvicina alla morte.

Penso che è bello morire
anche se questa parola mi fa impaurire
la morte è segreta
e ci porta lontano
e non ci dà il tempo di stringerci la mano

è un debito che dobbiamo pagare alla vita
per essere sicuri che la strada è finita

forse dovremmo conoscerla
solo allora non avremmo paura di lei
solo allora morire non ci farebbe male più di soffrire.

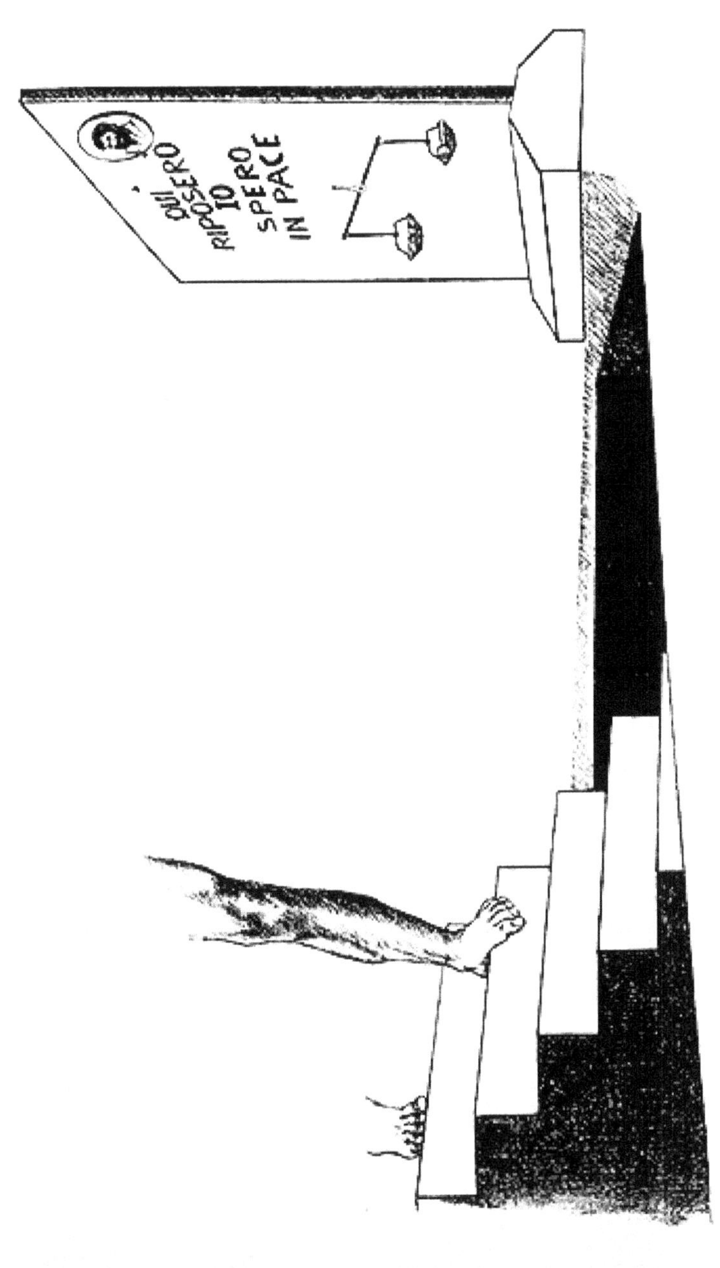
QUI
RIPOSERO
IO
SPERO
IN PACE

TU MI ACCOMPAGNI ORA
SUGLI INGRATI GRADINI
ASPETTAMI,
LA FINE SARÀ IL NOSTRO PRINCIPIO,
RIVIVREMO

(a mia sorella Annamaria morta nel 1975)

U. FUSARI

VOI SIETE LE VIRTÙ,

UN RARO SEME,

NON SIAMO DEGNI DI VOI

MA RIPROVEREMO

NON CI ARRENDIAMO

(ai miei genitori)

U. FUSARI

Il pensiero

Un pensiero nasce piccolo
ma può diventare grande
come la quercia
che germoglia dalle ghiande.

Un pensiero può essere bello
come un cielo senza nuvole
oppure triste
come un cielo senza sole.

Il pensiero è grande come il mare
calmo quando le onde sono piccole
in tempesta quando le onde sono grandi
e da una se ne formano tante.

Il pensiero è infinito
da piccolo ti fa dedicare ai giochi
da giovane ti fa scoprire l'amore
da vecchio quanti ricordi ti fa rivivere.

O pensiero, tu che sei veloce più di ogni cosa
mi fai attraversare in un attimo il mondo intero
e dove sono stato prima
mi fai ritornare.

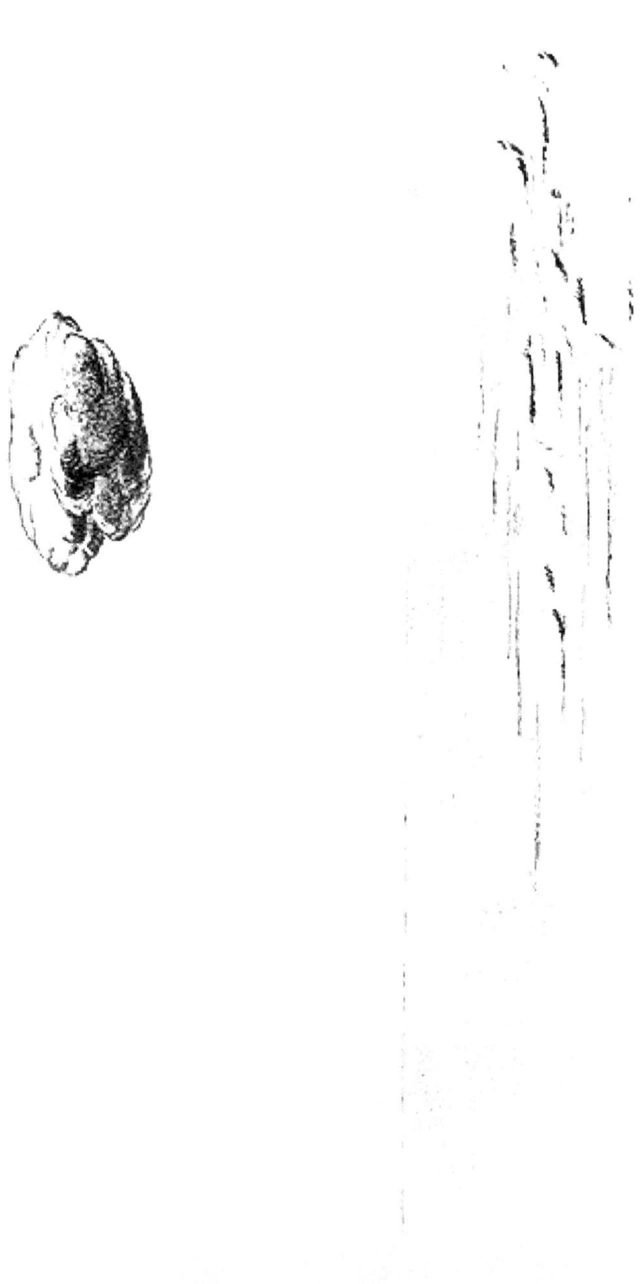

La gioventù

Come le piante nascono dal seme
la gioventù è nata in me,
del mio pensiero è ormai padrone
mi fa felice come un fiore,
mi fa provare brividi d'amore.

È un angelo di libertà pieno d'amore
la gioventù che mi fa vivere libero
come un navigante che rema
sulle onde del mare

tra giovani e naviganti
un giorno arriveremo alla deriva
sarà la fine
e vecchio mi troverò
come un albero senza fiori né foglie

mi lascerà solo con i miei pensieri
come un poeta con la sua fantasia
ma dei suoi ricordi le tracce non andran via.

SE IN AMORE C' È TANTA GELOSIA
PUÒ DIVENTARE COME LA MALATTIA

SEI NATA NEL MIO PENSIERO
COME LA PRIMA ROSA DEL GIARDINO,
RIMANI NEL MIO PENSIERO
COME L'ULTIMA ROSA DEL GIARDINO

La stagione dell'inverno

È la stagione dell'inverno
il vento sussurra
sento il fruscio,

è come una voce che s'ode da lontano
ma io non capisco quel suono strano,
le nuvole grigie si muovono
nel loro cammino,

il mondo si copre di bianco
e la neve scende sui tetti pian piano.

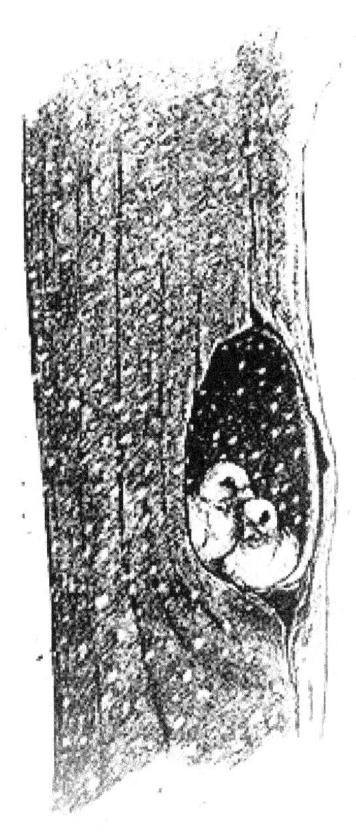

Il mondo

Mondo dimmi cosa sei tu,
non so niente di te
come niente so del mio destino
mi sento una farfalla che vola in un giardino
neanche lei conosce il mondo, né il suo destino.

Forse nessuno ricorderà la farfalla
che volava nel giardino,
forse nessuno ricorderà me
che ho percorso il mio cammino.

Sembra di vivere in un sogno
nel mondo grande e senza fine,
percorro la mia strada,
trascorro le stagioni
e vivo il mio destino:

la primavera che fiorisce ogni giardino
come la vita felice di un bambino

l'estate che col sole scalda il mondo
i campi hanno i suoi frutti, gli uccelli il loro nido

l'autunno che porta freddo
i campi sono tristi e gialli, le foglie se le porta via il vento,

l'inverno che si copre di bianco
cieli gelati e nudi, senza piú gli uccelli in volo.

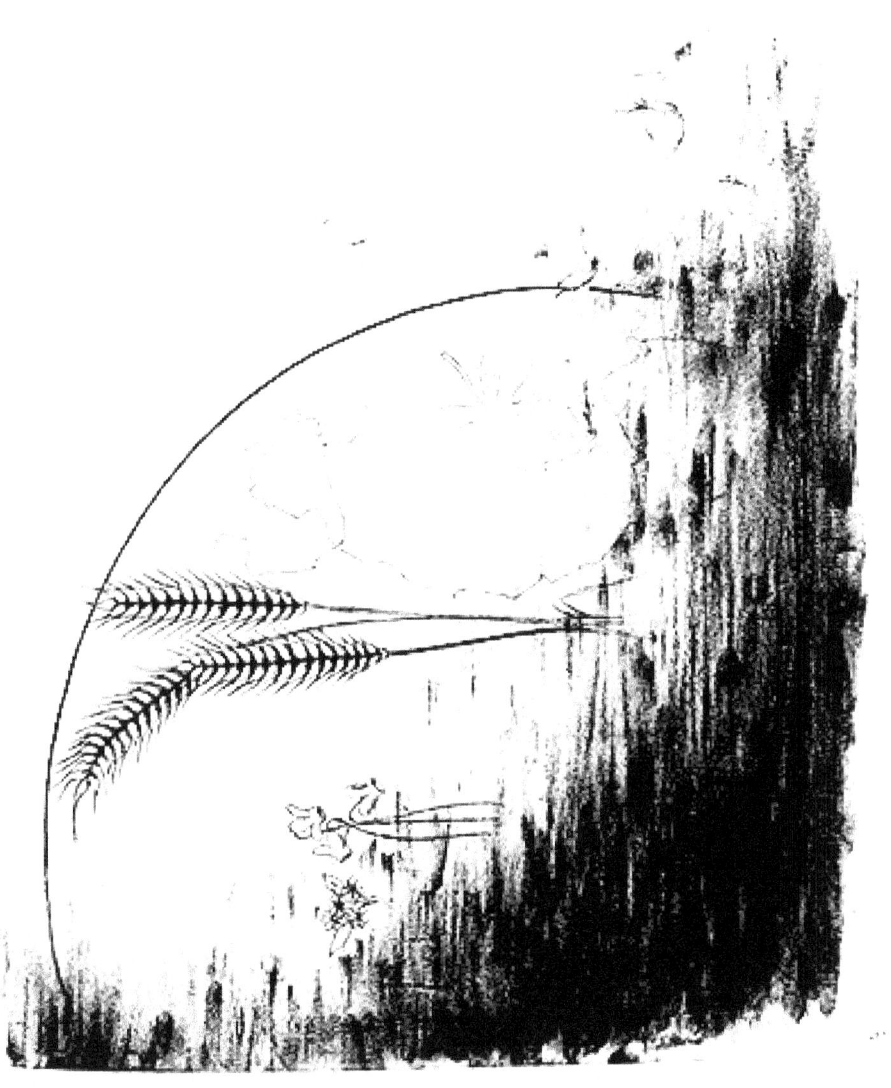

È DIFFICILE VIVERE CON UNA DONNA

MA È PIÙ DIFFICILE VIVERE SENZA

È DIFFICILE VIVERE CON UNA DONNA

MA SI PUÒ VIVERE CON UNA DONNA

Siamo realtà in questo mondo

Il tuo pensiero non capisco
non posso vivere nel sogno
siamo realtà in questo mondo
non c'è amore senza un bacio

vuoi che io t'ami solo in sogno,
con una rete vuoi fermare il vento
e vuoi che venga primavera
senza fiori nel giardino
così come è amore senza un bacio.

Hai mai visto un fuoco senza fiamma?
Hai mai visto un bosco senza rami?
Cosi mi sento con te solo al mondo,

so che m'ami col pensiero
so che esisto nel tuo sogno
non c'è amore senza un bacio
se tu m'ami sii sincera.

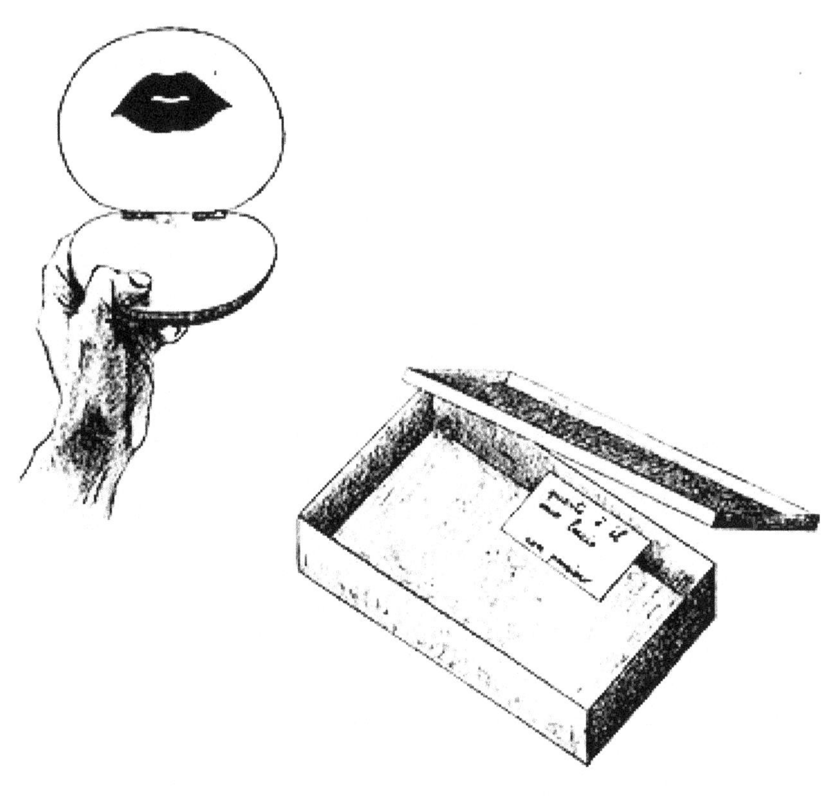

SFORTUNA IN AMORE

È UNA SPADA NEL CUORE

Uccellino

Uccellino che sei dolce e piccino
su di me la tua canzone
canti passando,

non c'è malinconia nel tuo canto
voli nei boschi e con la tua voce soave
annunci la primavera al mondo

sei come il sole nella foresta, oh uccellino,
che illumini di canto ogni sentiero,
ti fermi sui rami degli alberi
ti dondoli contento con il vento

eri mio amico quando ero bambino
sarai sempre mio amico caro uccellino.

Sogno

Un giorno camminando per il prato
mi è apparsa una donna,
una donna che io non posso amare
e da quel giorno non so dimenticare,
ho rivolto a Dio una preghiera:

oh Dio che sei grande
e con la tua forza proteggi tutto il mondo
fa' che questo amore si stacchi dal mio cuore
e dammi, in segno,
una spada nel cuore.

Chissà se nei suoi pensieri esiste il nome mio
certo dissi io
nei suoi pensieri non può esserci la parola addio

chissà se un giorno la potrò dimenticare
certo dissi io,
forse è stato Dio ad insegnarmi la parola addio.

A mia moglie

Ho chiesto la sua mano.
Ha lasciato il suo paese, la famiglia,
per scoprire un mondo nuovo,
un nuovo amore.

Da allora tanto tempo è passato,
ma sempre nella mente rimane
il ricordo di quel giorno sull'altare.

Eri così giovane con un cuore da bambina
moglie buona e delicata,
mamma vera dei bei figli che son nati.

Delle cose belle
il resto lascio immaginare.
E per i nostri figli voglio sperare
una donna come te da incontrare.

umberto micheli ©

L'AMORE È CIECO
E TUTTO VUOL SAPERE

CHI SI FIDA DI SÈ

BEVE VELENO

DEDICATED TO YOU

Poems by Antonino Villapiana

Translated by
Anna Ciardullo-Villapiana in collaboration with
Shannon White and Linda Ianni

INTRODUCTION

Antonino Villapiana has been a good friend of mine for at least ten years, during which time he has displayed the qualities of a gentleman.

The thing which impresses me most of all is his devotion to his parents and members of his family.

Anyone who is loyal to his family will be true to his fellow man. Soon after, Tony, as he is commonly called, started to come to our home. I could see he had a keen interest in writing. I encouraged this because I realized his talent was worthwhile developing.

Too often people are modest and tend to let talent remain dormant, because they lack confidence in themselves.

Finally, I persuaded Tony to put this writings into print, so the public could benefit by them. His friend Umberto Fusari has added interest to Tony's book by his drawings, which too, are deserving our appreciation.

It is my desire that Tony and his friend continue to give the world the benefit of the talents God has given to them, so that their light may shine to make others happy. I hope this book may reach many of their countrymen and that others may be encouraged by it to develop their God given talents.

May it open the gate to still broader fields of achievement in the new country to which they have come and are now citizens of.

Vera Ernst McNichol

LOVE IS FAR GREATER IN THE MIND THAN

LOVE IS IN LIFE,

IN REALITY IT IS JUST A LITTLE BIT OF LOVE

IN LOVE A BITTER TRUTH
IS BETTER THAN A SWEET LIE

Illusions

Child, you want to grow up
in a great hurry,

illusions rise with you,
ambitions rise with you,
but time passes,

and without realizing,
a girl comes into your heart
and your illusions are thrown away.

Words in the wind

I wish to tell you all that I think,
but I know that mine are words in the wind,
I stop to think,
I feel your voice in the whisper of the wind,
and it seems to be with you at that moment.

I wish to tell you through the words of a child,
I wish to give you the world,
if I could, in a flower.

When I look into your eyes
I feel as though I'm in Heaven
I know that one day I will be far away from you
in a place where our eyes will not meet,
and you will never hold my hand.

I wish to write all my thoughts and feelings,
I wish to say how much I love you,
I wish to tell you all that I think
but I know that mine..... are words in the wind.

From a boy to a man

I feel strong and courageous,
strong at work and even with illness,
courageous with risks and in the face of fear,
and yet I do not have the courage to face a girl,

the only one I have loved since I was a child,
yet I do not have the courage to ask her to love me,
what if she were to say no?

If I had wealth, if I was a king
I would relinquish my imperial crown,
but I do not have any wealth,

I just ask for God's grace:
«If I could have her
I would give up half of my years on earth».

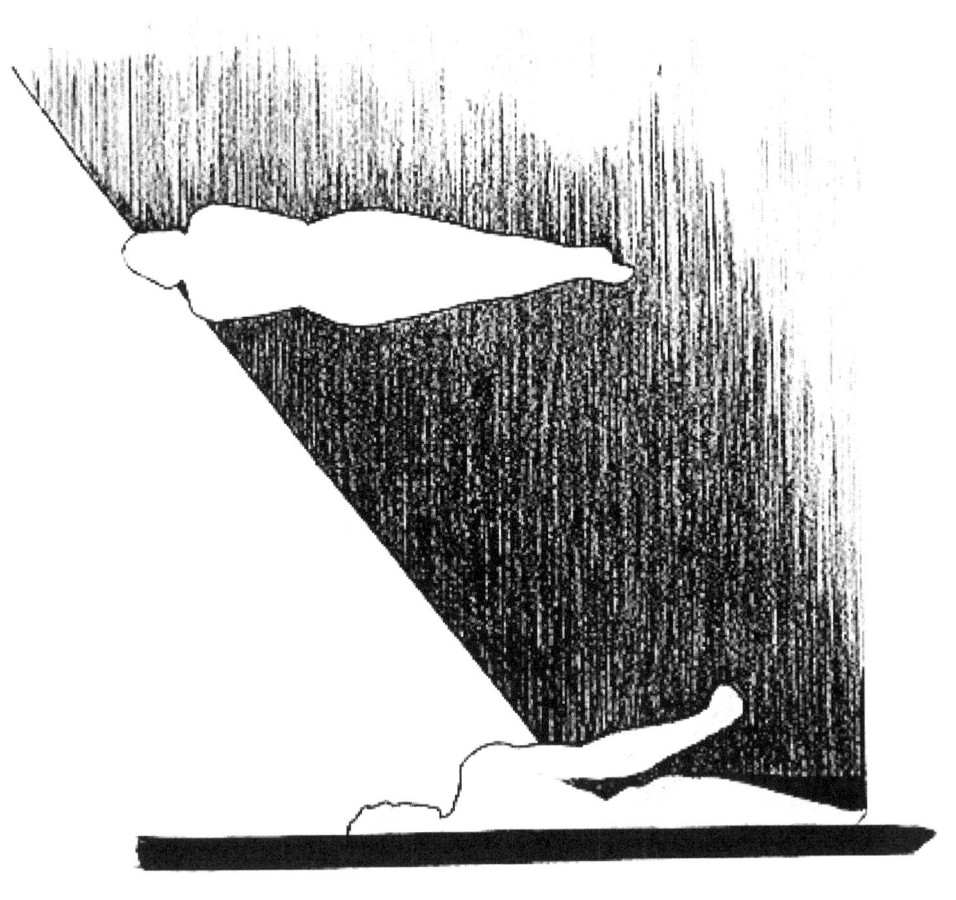

An obstacle

I cried when I was child because I needed my toys,
I cry still now,
love that you cannot hold, you cannot forget,
I cry for love.

It is like an obstacle that appears
that no one can move,
it is useless to try.

When I am in front of her my heart beats quickly,
fast and hard.
The crying of my heart
is like the wind blowing on a flower,
with water and wind that destroy it.

Even though I dream beautiful dreams
they do not exist in reality,
when I wake up I feel alone,
I feel as cold as winter,
as bare as a leafless tree,
on my branches I feel snow,
in my heart I feel cold.

And so, my heart cries,
I beg God to forget,
maybe it's useless to pray:
as long as there are youth on the earth,
someone will be suffering because of love.

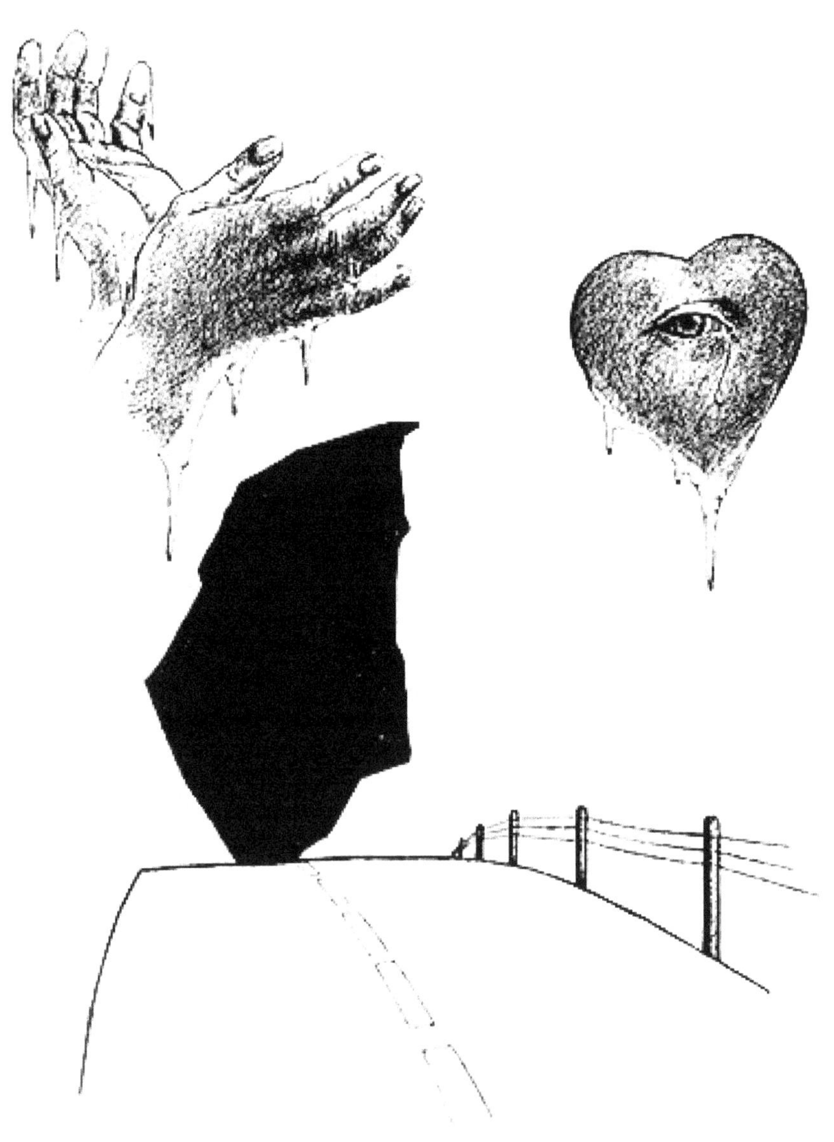

Mistress

A love really difficult to explain,
a love that I should not desire,
a love that will cause me pain,
a love which I cannot speak of,
forgive me if you must suffer too,
for I am to blame.

When I look into your eyes I can see love,
even though you hide this feeling,
you speak to me with a trembling voice,
you fear someone will know you are my lover.

True love is what you cannot have,
love is far greater in the mind than love is in life.
in reality it is just a little bit of love,
when love gives you pain it is true love.

We will never forget our love,
you cannot hold the past in a jar,
it will remain in your body, in your soul,
forgive me if you must suffer too,
for I am to blame.

Say goodbye with a flower

Go, say goodbye with a flower,
trust my words,
my heart has been cruel to you,
don't trust my heart,
since the first day I let you suffer,
go, say goodbye with a flower.

The sun is beautiful,
but too much heat can burn you,
the sun is as cruel as my heart,
If there is no water, the most beautiful flower can also die.

Do not follow my destiny,
it is not my fault if I am cruel,
I said go - because I love you
even though I know
it is better to die than to lose you.

I know what you think and what you are trying to say,
my heart makes me sad too,
believe in my words,
do not believe my heart,
go, say goodbye with a flower.

LIFE IS FULL OF
MYSTERIES AND TRAGEDIES

WATER WINS FIRE

LOVE WINS HATRED

Love's game

In youth most of our thoughts
are about love,
you can forget anything –
but love.

Love is the flower of the soul
it is the spring, rich with flowers under the sun,
youth is its season
Its flowers are: to dream, to love, to live.

But pay attention to love,
do not love those who do not love you,
otherwise you may play a difficult game.

Love's game is beautiful,
but if you lose it is a sword through your heart.

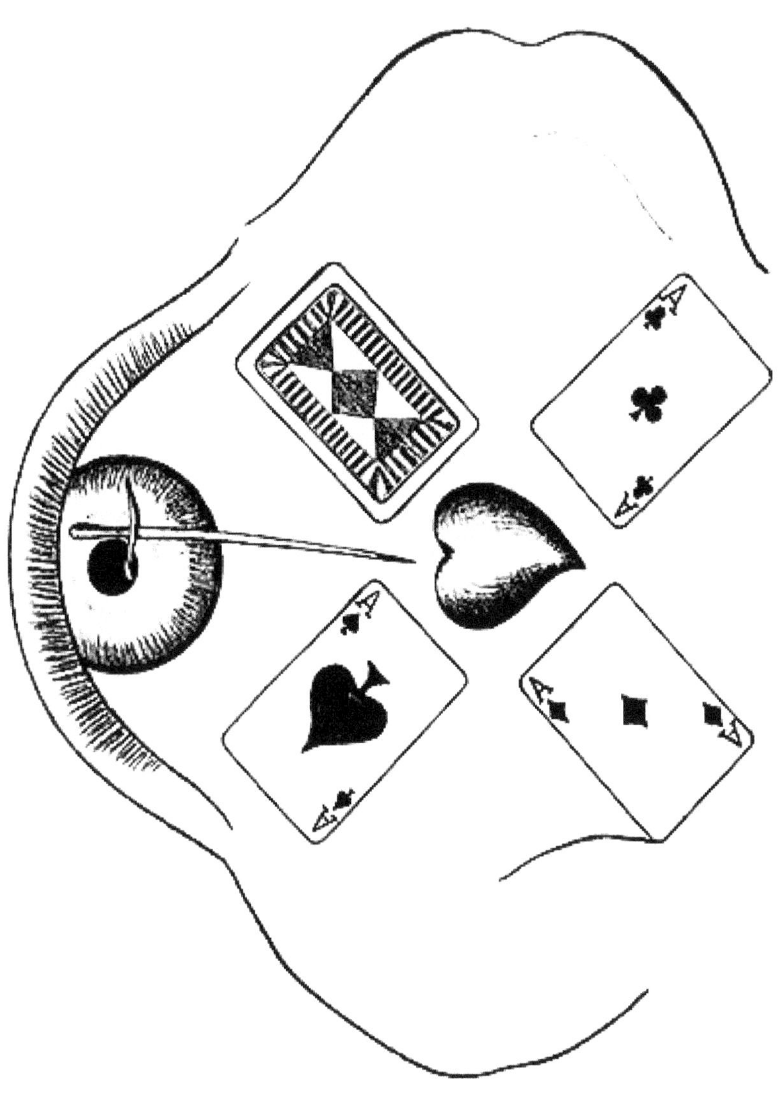

When darkness descends

A love, which lives only in dreams and in hearts
can generate so much pain.

When darkness falls she is in my thoughts
I stay alone without sleep
how many things in my mind
I wish I could have changed in reality

my love for you is an ocean of emotions
even though I cannot explain in words just how much
I wish I could have changed my appearance
I wish I had become as noble as a prince
just for you.

Love in my dream
it seems like a great love story
where it is better to look at someone who is suffering
than to be there, and step by step, die.

If you but gave me a small piece of your heart
then I would give you all my heart in exchange

but I stay alone when darkness falls
with you in my thoughts
without sleep, without love,
and with my thoughts I cannot change anything in reality.

Butterfly

Have you ever seen a butterfly in a dark room?
If there is light to illuminate
she will fly, her delicate movements bringing
with her thoughts of the spring.

In the darkness of my heart there is hope
hope that for me you were the light in the room,
but for you I am not the butterfly
even though my thoughts are filled with you

inside of me there is so much jealousy
if you do not love me, at least,
do not go away.

Let the spring exist for me
let my hopes become reality
and dream to fly in the room, let it all come true
tell me you love me, tell me now

because I ask to fly in the spring sky
instead of die in a dark room.

Thank you for the rose

Thank you for the rose you gave me,
you and the flower remain in my mind,
I have accepted the flower for loving you,
but maybe, you wanted tell me goodbye

If you love me, is it not cruel to say goodbye?
I know, everything will pass with the time,
but remember that I loved you,
remember that I cried for you

I looked for you with all my energy,
I looked at you with tears in my eyes,
but it was not enough
maybe you thought I would deceive you,

now you are the court, and I the condemned
let me pay if I made a mistake in loving you.

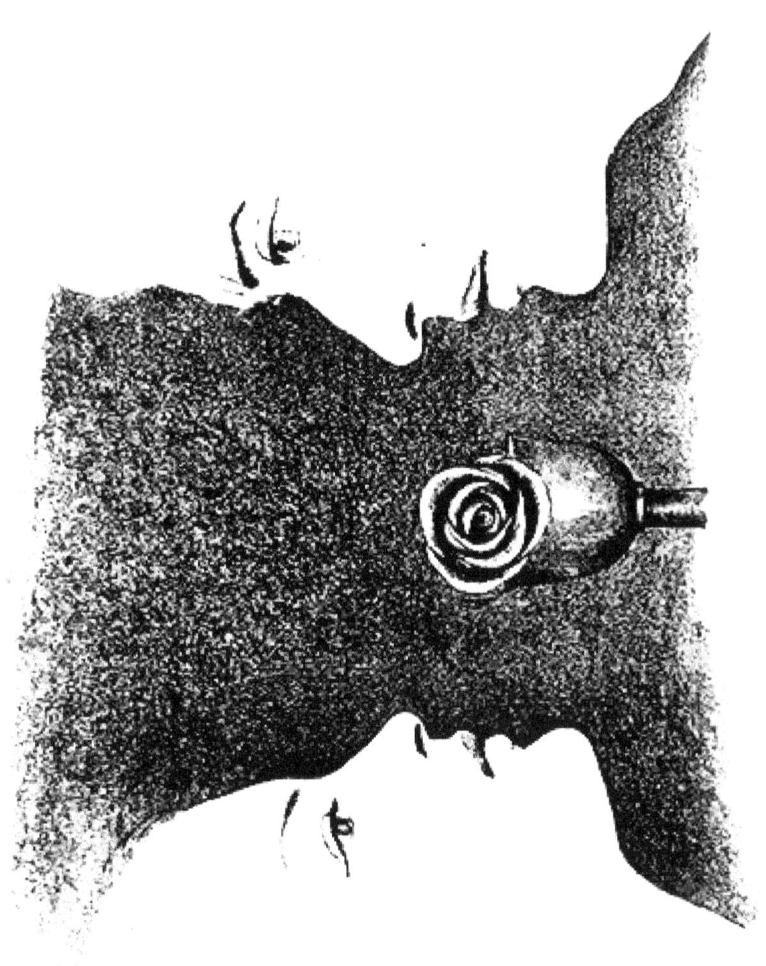

If only I could make you understand my thoughts

I wish I had made you understand my thoughts.

I wish I could change this world
I wish I could let you in
I wish I had said many things, fair maiden to my dreams
if I could, then you would believe in
what now you can not understand.

My love for you is not like a creek
which will become arid in summer time
it is as large as the ocean
where nothing can dry up.

If at times I have to travel far away from you
remember that my love will still remain
and you will understand that all my words
were as true as the thought of our love,

I thank you for making me understand
in keeping a great love you should suffer
but in my mind it will always remain
an unforgettable, great love.

A memory remains

I went through the ocean from a great distance
with the hope of a great love
believing to find a flower in the garden,
whereas, I found a cold wind
coming from sea

I wish I had convinced you with my words
but I felt for you there was another love
I looked into your eyes without speaking
... I didn't know what more I could say

when I left, secure as a voyager
for a sincere love across the sea
believing to find a rose in the garden
whereas I found the lemon

so just a memory of you has lasted
a cold wind
an immense sea...
a lemon in my hand.

IF YOU OWN UP TO YOUR MISTAKES
THAT IS A PARDONABLE ERROR

IF YOU DON'T OWN UP
TO HAVING MADE A MISTAKE
THAT IS AN UNPARDONABLE ERROR

MEDICINES TREAT ILLNESSES

LOVE CURES FEELINGS

Strange love

I know that it is wrong to love
someone who does not answer love
sometimes I ask myself why should I love you

sometimes I wish I went far away
I wish I had the strength not to think,
I wish I had said goodbye to that dream,

but it is better to die than to lose you.

Even though you see my tears
you do not believe in my love
how can you love me
if you do not have enough heart for me

maybe it is time to go
you left wounds in my heart,
it is time for me to understand
that love is great when it is the same

oh strange, strange love.

A flower without sun

I love you more than a flower loves the sun
but, if some day I change my mind,
don't say that mine was not true love
don't say that mine was just words

I love you more than a fish loves the sea
more than a lion loves the forest
even though you would not understand
that I loved you with all my soul

it seems like you do not have a heart
maybe it is not your fault
if because of love I should suffer
maybe I should learn something about love.

If I were a poet I could write
all that I have in my heart,
and reading, you will understand
that mine for you was true love

only then you will remember
that a flower without sun dies,
a fish without water succumbs,
without love even the most important story
is destined to end.

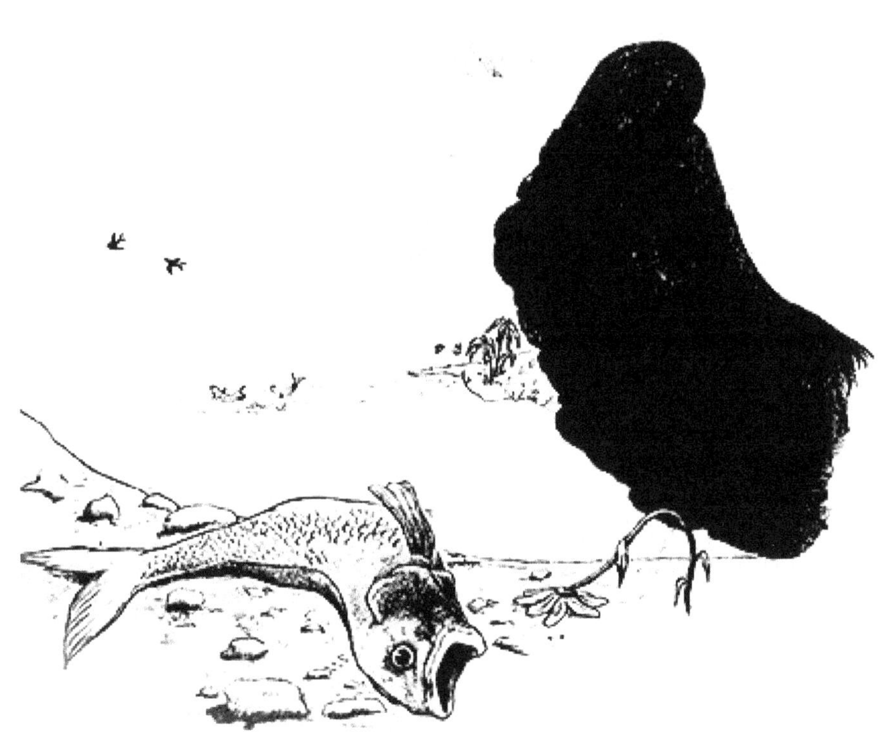

Smile in tears

When she is beside me
it seems as though I have stolen a star,
my thoughts fly in the darkness
of space without reality.

Maiden, you are rich and don't believe in love,
if I were a writer
I would put my thoughts into words
to make you understand that mine was true love.

If I were a sculptor
I would engrave our bodies on a rock
to leave to the world a memory of us
even thought this fantasy will stay in my dreams
instead of in reality.

I feel like a small water droplet
which falls in the ocean
and in my dream there remains just one desire
I long to say I love you,

but you don't understand me,
I hide my tears
and a mask of smiles settles on my face.

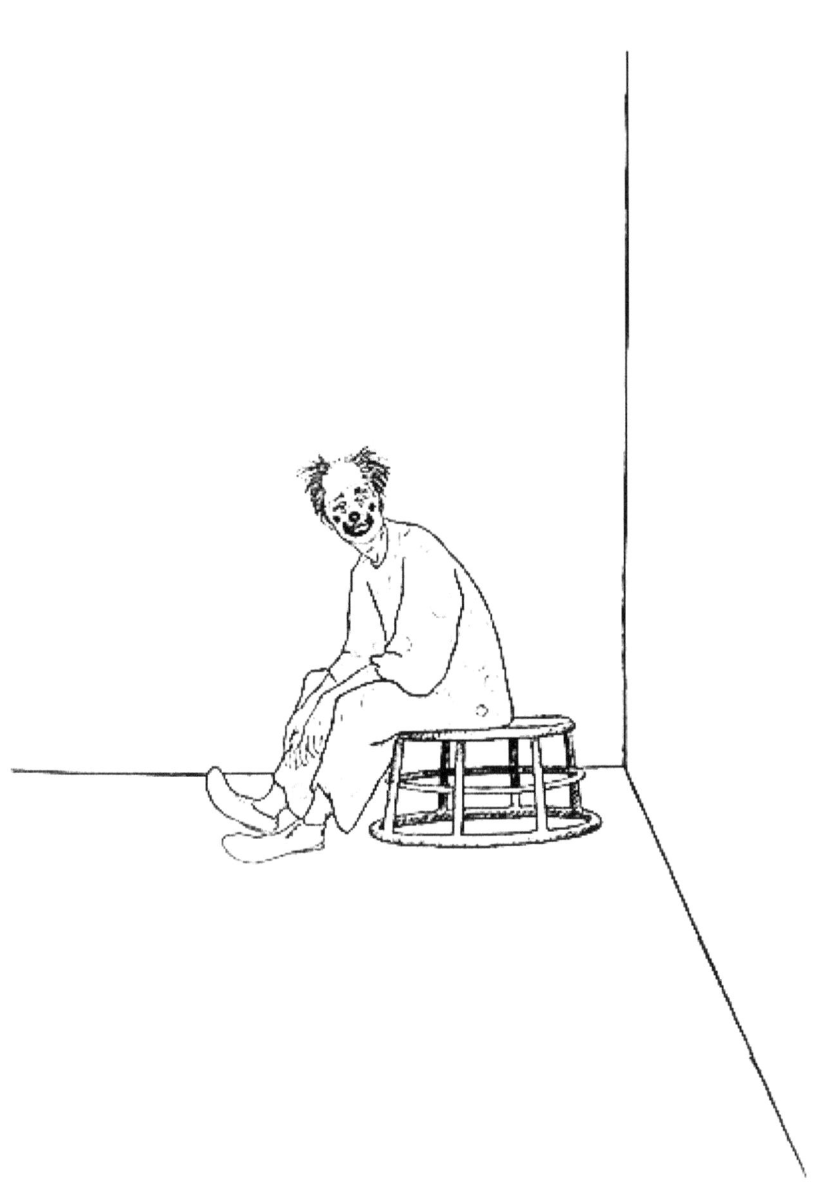

WOMAN IS LIKE A GLASS OF WINE

YOU SHOULD PAY ATTENTION

NOT TO BECOME INTOXICATED

My country

I'm leaving my country,
it seems like I am leaving my mother,
I don't know when and if I will come back
I leave my friends,
it seems like I am leaving my life,
I don't know when and if I will see them

I leave the house where I was born
I leave the roads, on which I walked for long time,
I leave the courtyard where I played when I was child,
maybe someone will remember me.

Now here I am, oh my country, I am looking at you,
tomorrow I will be far from you
I will come back at night in my dreams
you will always be in my thoughts
no one can forget their memories as a child.

Maybe some day I will come back
but as you are as now, I know, I will not find you
I leave you, oh my country, with a child's heart
old folks look at me while I'm leaving
I don't know if I will ever hold their hands again,

I leave, my country, with a farewell
It seems like I am leaving my mother
I don't know when and if I will come back.

Mamma

Mamma is an easy and meaningful name
I was one year old and I already knew to say her name
she kissed me on the forehead,
she folded me in her arms with so much love.

I was for her as dear as a flower
and she used to tell me words of love
even though I bore her always in my heart
I know that I cannot repay her love
because I don't know how to say beautiful words.

My mother was happy when I began to speak,
I wonder what beauty she wanted to hear from me
now I am older and I can say just these words:
«dear mum, I love you».

If I were a painter
I would paint her portrait
with gray hair falling on her shoulders.
this is the image of you
that I will keep in my heart.

The flag

Flag, up there, waving in the wind
you make the world happy
for the soldier who won for you

you are the flower of your people
as the rose is the flower of the garden
you are the tears for the soldier who died for you
you are the joy for the soldier who won for you

you wave while we are singing the hymn
you are in our eyes
to remind us of those who died for freedom.

I know you thank us while you are waving in the wind.

Wave up there, wave in the wind
while we are singing the hymn
in tears for the soldiers who died for you
in joy for the soldiers who won for you.

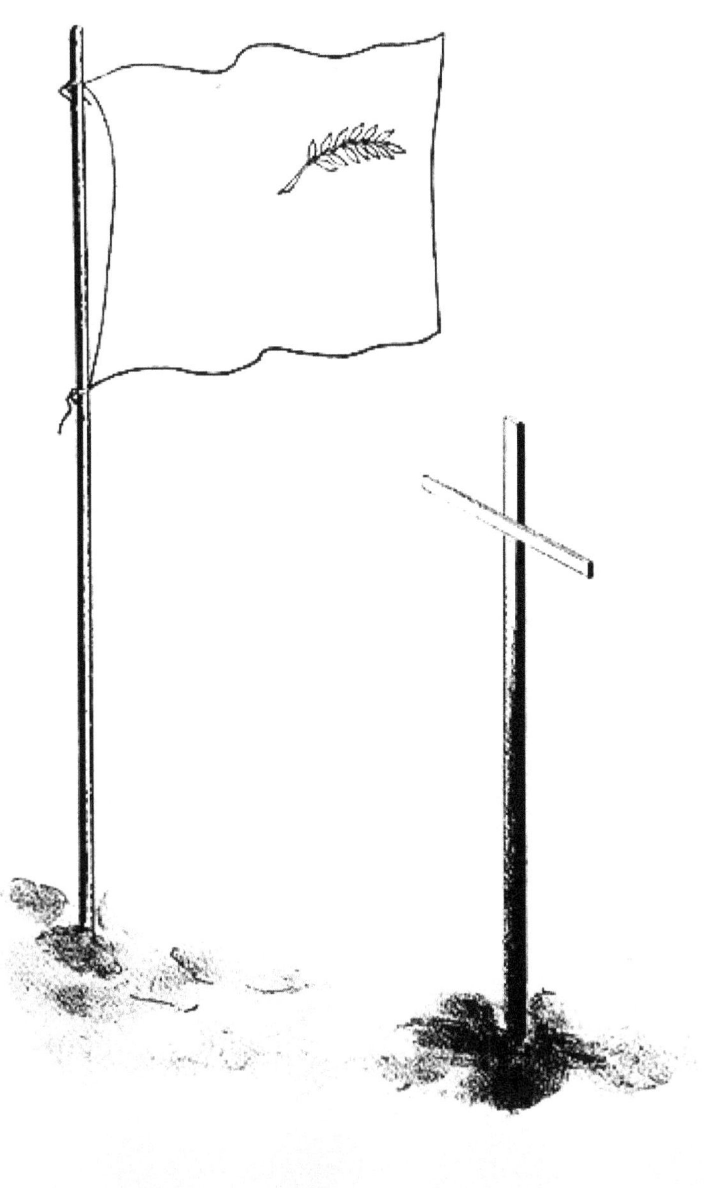

A MOTHER IS A FERTILE SOIL WHERE

HUMAN LIFE IS BORN

When I was child

When I was a child
there was neither past nor future
there was just the present in my world.

My life passed quickly and happily
as fast as the wind,
as happy as a butterfly
resting on a flower

everything in the world seemed so easy,
I thought rivers did not flow
when I was a child.

I knew with time
that everything passed by, in this world,
just one desire has lasted in my mind,
look at the world through the eyes of a child

but a child is followed by a man
as dreams at night are followed by a new day.

The errors of life

The errors of life that you make
you will never forget
you will never be at peace
and you will always keep them in your mind.

In a moment your smile will disappear
because you are sinner
and you know that
maybe you will confide in someone
with some hope to find refuge,
but maybe he won't understand you
and won't be the friend he once was,

you will look then to the sky
and will confess your sins to God
with hope he will forgive you.

We are all human, we all make mistakes, you know that,
if you are a good man you will not give into temptation
and if you hate sin
your life will be forever happy, full of smiles.

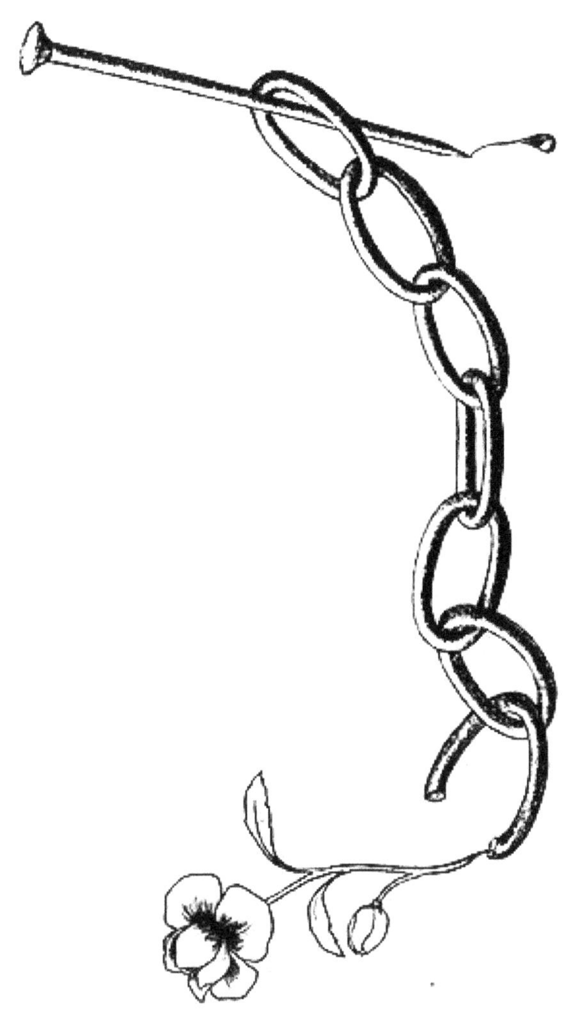

Death

Death begins to follow us
from the day we are born,

yet there are so many fears because of death!

We are all happier
to be in pain than to die,
each year that we live longer
is like a step, that brings us closer to death.

I think death is not so bad
even if the word frightens me
death is secretive
it takes us far away
it doesn't even give us time to grasp a hand

it is a debt that we have to pay to life
to be sure our path is complete

we should meet it
only then we will not live in fear of it,
only then we will not fear death more than pain.

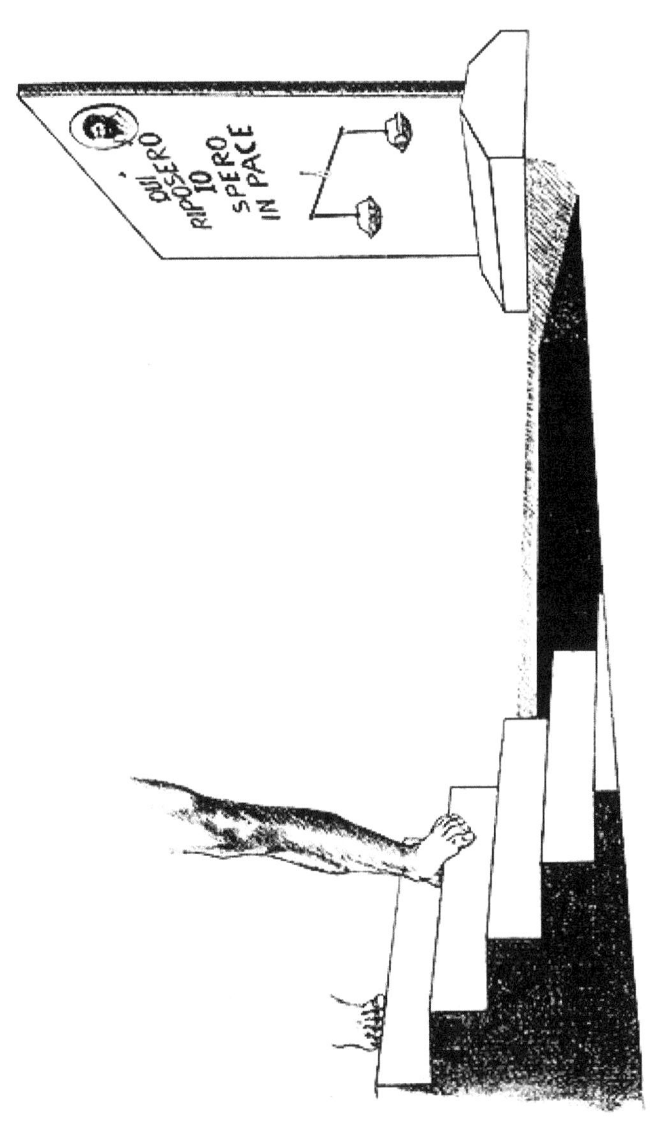
QUI
RIPOSERO
IO
SPERO
IN PACE

YOU GUIDE ME NOW

ON PAINFUL STEPS

WAIT FOR ME,

THE END WILL BE OUR BEGINNING

WE WILL REVIVE

(to my sister Annamaria - died in 1975)

YOU ARE THE VIRTUES,
A UNIQUE SEED
WE AREN'T WORTHY OF YOU,
BUT WE WILL TRY AGAIN
WE WON'T SURRENDER

(to my parents)

U. FUSARI

Thought

A thought begins small
but can become vast
as an oak tree
which germinates from the acorn.

A thought can be joyful
as the sky without clouds
or melancholy
as the sky without sun.

Thought is as impressive as the sea
calm when the water ripples
rough with heavy swells
and from one, many waves will follow.

Thought is infinite
as a child it lets you dedicate your time to play
as a young boy it lets you discover love
as an elderly man it lets you revive so many memories.

Oh thought, you move so quickly
you allow me to travel the entire world in a single second
and where I was once
you let me return.

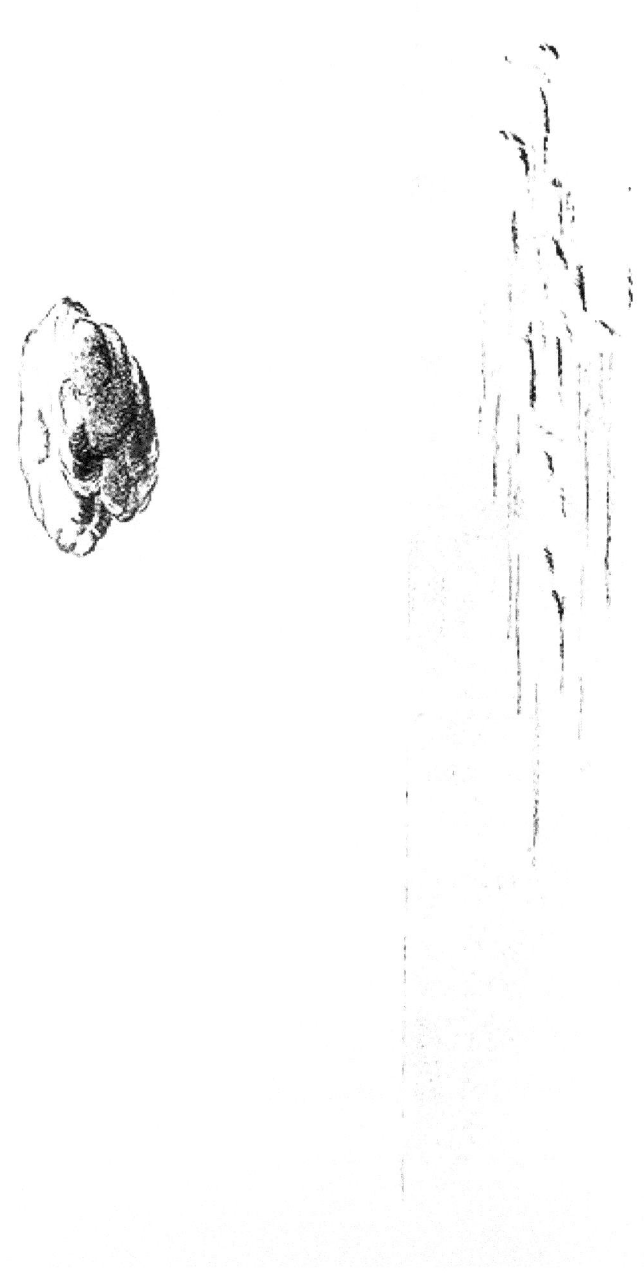

Youth

As plants are born from seeds
youth was born in me,
it is the owner of my thoughts
it makes me as happy as a flower,
it makes me quiver, as love alone can do.

Youth is an angel of freedom
that lets me live free
as a navigator who rows
on the waves of the sea

between young people and navigators
one day I will arrive adrift
it will be the end
and older I will be
as a tree without flowers, without leaves

left alone with my thoughts
as a poet with his imagination,
but traces of their memories remain forever.

IF IN LOVE THERE IS JEALOUSY
IT COULD BECOME AS AN ILLNESS

YOU WERE BORN IN MY MIND
AS THE FIRST ROSE OF THE GARDEN
YOU REMAIN IN MY MIND
AS THE LAST ROSE OF THE GARDEN

Wintertime

In the wintertime
wind whispers and moves
I hear the rustle,

like a voice from far away
but I don't understand that strange sound,
the gray clouds are moving
in their path,

the world is covered in white
and the snow settles slowly on the rooftops.

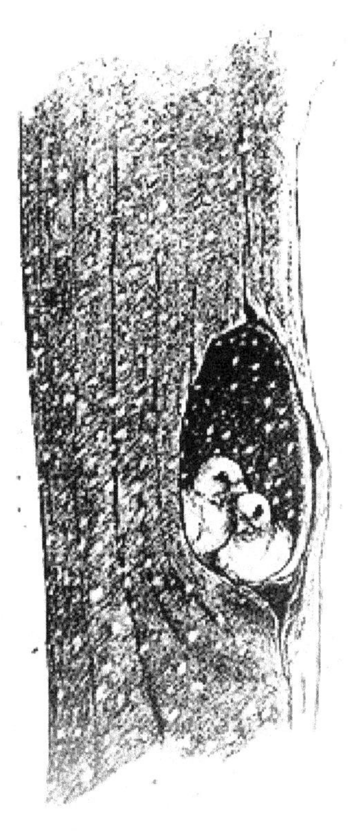

World

Oh world, tell me what you are,
I don't know much about you
as I know nothing of my destiny
I feel like a butterfly, which flies in a garden
neither does it know the world, nor its destiny.

Maybe no one will remember the butterfly
which flew in the garden,
maybe no one will remember me
the one who crossed through his path.

It seems as if I'm living in a dream
in this world big and unending,
I'm walking on my way,
I'm passing through the seasons
I'm living in my destiny:

Spring allows the flowers to bloom in each garden,
as happy as the life of a child

summer warms up the world with its sun,
the fields have their fruits, the birds their nests

autumn gets cold,
fields are yellow and unhappy, and the wind takes away
the leaves

winter, the season blankets the world in white,
harsh and naked sky without bird's flight.

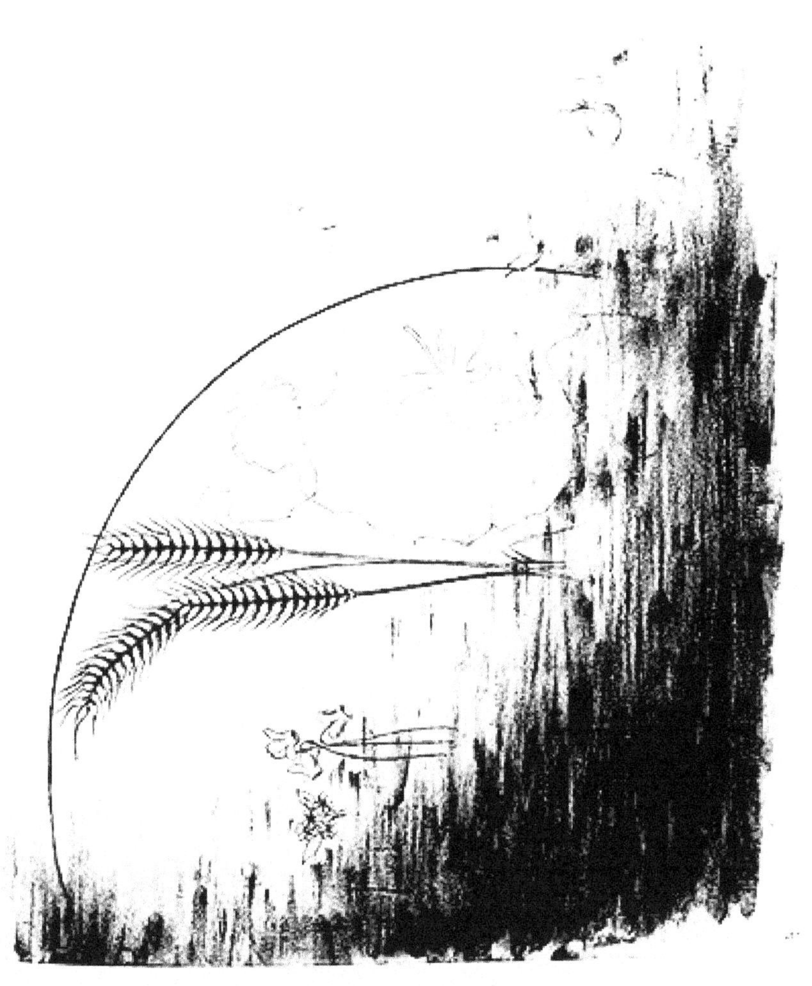

IT IS DIFFICULT TO LIVE WITH A WOMAN,

BUT IT IS MORE DIFFICULT TO LIVE WITHOUT

IT IS DIFFICULT TO LIVE WITH A WOMAN,

BUT WE CAN LIVE WITH A WOMAN

We are reality in this world

I don't understand your point
I can't live in a dream
we are reality in this world
there is no love without a kiss

you want me to love you just in a dream,
and with a net you want to stop the wind
and you want the spring to come
in the garden without flowers
as is love without a kiss.

Have you ever seen a fire without a flame?
Have you ever seen a bush without branches?
I feel like this toward you,

I know you love me in your thoughts
I know I live with you in your dreams
there is no love without a kiss
if you love me be sincere.

BAD LUCK IN LOVE

IS A SWORD IN THE HEART

Bird

Birdie you are so sweet and small
and above me you sing your song
you sing while you are passing,

there is no melancholy in your song
you fly in the bushes and sing
with your melodious voice
you announce the spring to the world

as a sun in the forest, little bird,
you illuminate with song each path
you stop by branches of trees,
you sway happily in the wind

you were my friend when I was a child,
you always will be my friend, little bird.

Dream

Once, when I was walking in a meadow
a woman came into my view,
a woman who I cannot love,
and since that day I could not forget,
I have addressed a prayer to God:

Oh God, who is powerful
and with your force protect all the world,
please detach this love from my heart
and give me, as a sign
a sword in my heart.

I wonder if my name is in her thoughts
sure I said,
in her thoughts cannot be the word goodbye

I wonder if one day I will forget her
sure I said
maybe it was God who taught me the word goodbye.

For my wife

I asked for her hand
She left her country, her family,
to discover a new world,
a true love.

Since then, much time has passed,
yet in my mind always remains
the memory of that day at the altar.

You were so young, still a child at heart,
my wife, so kind and sensitive,
true mother of the beautiful children born to us.

I leave to your imagination
a lot of other beautiful things.
And for our children, I can only hope someday
that they too will meet a woman like you.

umberto micheli ©

LOVE IS BLIND

BUT WANTS TO KNOW EVERYTHING

PEOPLE WHO TRUST THEMSELVES,

DRINK POISON

www.ingramcontent.com/pod-product-compliance
Ingram Content Group UK Ltd.
Pitfield, Milton Keynes, MK11 3LW, UK
UKHW020141250726
13967UKWH00002B/797